La niña de los 200 peluches
y otras obras de teatro para niños

Du même auteur

Certaines œuvres sont connues sous différents titres.

Romans

La Faute à Souchon : (Le roman du show-biz et de la sagesse)
Quand les familles sans toit sont entrées dans les maisons fermées
Liberté j'ignorais tant de Toi (Libertés d'avant l'an 2000)
Viré, viré, viré, même viré du Rmi !
Ils ne sont pas intervenus (Peut-être un roman autobiographique)

Théâtre

Neuf femmes et la star
Les secrets de maître Pierre, notaire de campagne
Ça magouille aux assurances
Chanteur, écrivain : même cirque
Deux sœurs et un contrôle fiscal
Amour, sud et chansons
Pourquoi est-il venu :
Aventures d'écrivains régionaux
Avant les élections présidentielles
Scènes de campagne, scènes du Quercy
Blaise Pascal serait webmaster
Trois femmes et un Amour
J'avais 25 ans
« Révélations » sur « les apparitions d'Astaffort » Jacques Brel Francis Cabrel

Théâtre pour troupes d'enfants

La fille aux 200 doudous
Les filles en profitent
Révélations sur la disparition du père Noël
Le lion l'autruche et le renard,
Mertilou prépare l'été
Nous n'irons plus au restaurant

Stéphane Ternoise

La niña de los 200 peluches y otras obras de teatro para niños

Traducción :
María del Carmen Pulido Cortijo

Publicación: 04 de noviembre 2013

http://www.ecrivain.es

Jean-Luc Petit éditeur / Collection Théâtre
Colección TEATRO

Stéphane Ternoise

http://www.dramaturge.fr

Tous droits de traduction, de reproduction, d'utilisation, d'interprétation et d'adaptation réservés pour tous pays, pour toutes planètes, pour tous univers.

Site officiel : http://www.ecrivain.pro

© Jean-Luc PETIT - BP 17 - 46800 Montcuq – France

Stéphane Ternoise

La niña de los 200 peluches y otras obras de teatro para niños

Traducción :
María del Carmen Pulido Cortijo

Para representar una obra de teatro, incluso para un público restringido, durante un espectáculo gratuito o únicamente con niños en el escenario, es necesaria la autorización de su autor (o representante legal).
Contacto : http://www.ecrivain.es

La niña de los 200 peluches es una obra de teatro representada por numerosos niños.
En *Las niñas se aprovechan*, dos niñas "torturan" a un niño alborotador castigado. Para las *Revelaciones sobre la desaparición de Papa Noel* es necesaria la presencia de once niños pero la obra funcionará con un algunos niños más o menos. *El león, el avestruz y el zorro* consta de siete papeles principales y un número indeterminado de figurantes. Para *Mirlito prepara el verano* son necesarios numerosos niños-mirlo como figurantes y dos papeles principales. *No iremos más al restaurante*: dos niños y una niña.

Lapin

Conejo

La niña de los 200 peluches

Obra de teatro para niños en un acto

Reparto:

Entre seis y veinte niños.

En su cama, una niña pequeña, 6-7 años, apenas visible. ¡Muchos peluches! Peluches también por toda la habitación.

Entran los niños (mínimo cinco, de la misma edad), de puntillas. Observan, admiran, sonríen, se asombran, se enseñan los peluches.

La niña de los 200 peluches

Acto 1

1er niño: En su habitación, avanzamos como buenamente podemos.

2º niño: Incluso su almohada está invadida.

3er niño: Sus estanterías, es peor que mi abuela con sus botes de mermelada.

4º niño: Es peor que mi abuelo con sus cajas de herramientas.

Otro niño: Peor que el vestidor de mamá.

La niña de la cama sonríe, como si acabara de darse cuenta de su presencia.

3er niño: Es la niña de los 200 peluches, están por todas partes, están por todas partes.

Otro niño *sigue, susurrando*: Es la niña de los 200 peluches, están por todas partes, están por todas partes.

4º niño: Es la niña de los 200 peluches, hasta los pequeños osos están celosos.

La niña de la cama: No estéis celosos, amigos. ¿Quizas, pensáis que no se tienen preocupaciones cuando hay que vigilar de la mañana a la noche a 200 peluches? E incluso de la noche a la mañana.

4º niño: Preocupaciones como esa, ya las quisiera para mí.

La niña de la cama: Sin embargo, no es especialmente divertido cuando Ratoncillo se esconde detrás de Papa Elefante mientras que debería dormir cerca de su tierna mamá. Y por la noche, ¿creéis que todos tienen sueño al mismo tiempo? Es peor que el dormitorio de un internado para niñas.

4º niño: El dormitorio de un internado para niñas, ¡eso no existe!
2º niño: Mi abuelita me ha contado que hace mucho tiempo, mucho antes del año 2000, los niños no volvían a casa por la tarde, se quedaban a dormir en la escuela, en el dormitorio del internado.
4º niño: ¡El dormitorio de un internado! ¡Anda que no eran malvados sus padres!
2º niño: No, tontorrón, era porque no había otra posibilidad, no había autobús.
4º niño: Deja de decir tonterías.
La niña de la cama: Quizás sea sorprendente pero, sin embargo, es verdad. Y los niños no siempre han tenido peluches como nosotros, muchos se conformaban con un simple trapo.
4º niño: ¡Me habría negado a dormir! ¡Me habría manifestado! ¡Habría gritado!
Otro niño: ¡Habría pellizcado!
4º niño: ¡Me habría mudado a casa de mi abuela!
1er niño, *va hacia una estantería y coge un perro de peluche:* ¿Cómo se llama?
La niña de la cama: Cada uno tiene un apodo desde Abayur hasta Zombú. Ese, ese es Scott-Key.
1er niño: ¿Scott-Key?
La niña de la cama: Supongo que tu no has escogido tu apellido, tampoco tu nombre o tu apodo. Pues bien, él era un perro abandonado. *(Soñadora, bajito):* Yo tenía cuatro años, estaba lloviendo y él lloraba en el escaparate de una tienda.
4º niño *(a su vecino)*: ¡Los peluches no lloran!
La niña de la cama, *que le ha oído, se gira hacia él*: ¡Ya has olvidado que los peluches, a veces, lloran! *(Retomando la historia)* Lloraba en el escaparate de una

tienda, con una etiqueta en la oreja derecha, una infame etiqueta amarilla con 5 letras mayúsculas y negras: S-A-L-D-O.

1er niño: Y tú, ¡no sabías lo que quería decir SALDO!

La niña de la cama: Tenía 4 años, ¡no lo olvidéis! Sin poder evitarlo, obligué a mi padre a entrar, y con todo el orgullo de mis cuatro años, pregunté a la vendedora, mirándola directamente a los ojos: "¿De verdad se llama Saldo?"

1er niño: ¿Sabías leer?

La niña de la cama: ¡Es un truco de mi querido papá! Te compro el peluche pero tendrás clases de ortografía todas las tardes, antes de la lectura de un cuento. Es por eso que con tres años y medio ya sabía leer casi todo.

1er niño: ¡Pero pensabas que SALDO era su nombre!

La niña de la cama: ¿Nunca has cometido errores que ahora te parecen horribles?

1er niño: ¡Era sólo para comprobar que no eras un pequeño genio! Bueno, entonces, ¿la vendedora sonrió, preguntando a tu padre con la mirada, o te contestó?

La niña de la cama: Me contestaban siempre, cuando tenía cuatro años y miraba directamente a los ojos, mira, así (le mira).

3er niño: Ella gritó: "¡Una marciana!"

La niña de la cama: Ehh...

3er niño: ¿Qué?

La niña de la cama: Bien, la vendedora, sin apartar los ojos, contestó: "Ehh..." Entonces le expliqué, como se habla a una vendedora que no ha entendido nada: "Mire usted, ya tengo un peluche llamado SALDO, una adorable rana de un intenso rojo cereza, por lo que, aunque quiero adoptarlo, tengo miedo de que eso cree una confusión en mi habitación".

3er niño: ¡Estaba muy sorprendida que ya supieras leer!

4º niño: ¿Se burló de ti?
La niña de la cama: ¡Nada de eso, pequeño impertinente! Me contestó educadamente, "su verdadero nombre es Scott-Key"... y, un tono más bajo, "es un error de mi compañera".
2º niño: ¡Entonces tu papá te lo compró!
La niña de la cama: ¿Cómo lo has adivinado? Pero antes pregunté, "¿y eso cómo se escribe?", entonces apunté esa nueva palabra en mi libreta (*coge la libreta de la mesilla, la hojea delicadamente*).
2º niño: ¿Eso qué quiere decir, Scott-Key?
La niña de la cama: ¡Secreto!
4º niño: ¡Contestas eso porque no sabes nada!
La niña de la cama: Eres más pillo que un bebé grillo.
4º niño: Venga, danos la respuesta.
La niña de la cama: Incluso en el caso de los peluches, debe haber un poco de misterio en la elección del apodo.

Coro de niños:

> Es la niña de los 200 peluches, están por todas partes, están por todas partes.
> Es la niña de los 200 peluches, hasta los pequeños osos están celosos.
> Es la niña de los 200 peluches, sus secretos no son para nosotros.

3er niño: ¿Cómo te organizas?
La niña de la cama: Antes, el lunes era para los peluches blancos, el martes para los malvas, el miércoles para los marrones, el jueves para los amarillos, el viernes para los verdes, el sábado para los color arena y el domingo para los otros colores.
2º niño: ¡El lunes era el mejor!
La niña de la cama: Ahora, los días de la semana se

llaman fiesta de los conejos, de los gatos, de los patos. Fiesta de los oseznos, de los perritos y de los raritos.

4º niño: ¿Y el séptimo día?
La niña de la cama: ¡El señor sabe contar! Ah! El séptimo día...
Los niños: ¡Ohh, cuenta!...
La niña de la cama: El séptimo día es... un poco especial en el nuevo calendario de los peluches... ese es el día de las elecciones.
Los niños: ¿¡Elecciones!?
La niña de la cama: Con un voto, a pata levantada naturalmente, los peluches deciden quien será homenajeado.
4º niño: ¿Qué hay de premio?
La niña de la cama: ¡El mejor de los regalos!
Un niño: ¿Un disfraz del Zorro?

La niña de la cama se encoge de hombros.
Las respuestas fueron para gran decepción de la niña:

Un niño: ¿Una bufanda? ¿Una bandana?
Un niño: ¿Un yogurt de fresa?
Un niño: ¿Canicas?
Un niño: ¿Una Game Boy?
Un niño: ¿Un puzzle... de cerdos ibéricos?
Un niño: ¿Una tableta de chocolate... suizo?

(Durante las representaciones, otras respuestas, de acuerdo con los gustos o la actualidad, pueden ser añadidas, preferidas).

Un niño: Venga, dinos...
La niña de la cama: ¡El mejor de los regalos que puede soñar un peluche... el ganador duerme en mis brazos.
4º niño *espontáneamente*: ¿Puedo participar en las elecciones?

La niña de la cama le sonríe; todos le miran; (el niño) está molesto.

3er niño: ¡Todavía duermes abrazada a un peluche!

La niña de la cama: ¿Tú no?

3er niño: Ehhh... (*Todos la miran*).

3er niño: Pero, normalmente, eso es un secreto.

La niña de la cama: Si alguien se ríe de ti porque duermes abrazado a un peluche, pregúntate si disfruta realmente de cada segundo de su noche.

Otro niño: Y un día, ¿tus peluches irán al trastero?

La niña de la cama: Crecer no es necesariamente alejarse de los peluches y, de ninguna manera, renegar de ellos.

Coro de niños:

> Es la niña de los 200 peluches, están por todas partes, están por todas partes.
>
> Es la niña de los 200 peluches, hasta los pequeños osos están celosos.
>
> Es la niña de los 200 peluches, y tenemos cita con nuestros peluches.

Salen de la escena (corriendo de puntillas).

La niña de la cama: Bien, ahora, peluches, el recreo se ha terminado. Dejamos de creernos niños (*se gira hacia un zorro*): ¡A mí me gustaría mucho dormir por lo menos un poco! Exagera ese señor Zorrillo de los Bosques de estanterías.

El 4º niño asuma la cabeza por la puerta, incómodo, tose un poco, sin llegar a llamar la atención. Tímidamente.

4º niño : Señorita, señorita... (*La niña se gira hacia él y le sonríe*).

4º niño: Era de verdad, cuando he hablado de las elecciones.

La niña de la cama: Lo sé, lo sé... pero, si no tienes los votos de los conejos y los osos, no tienes ninguna oportunidad de ganar... (*El cuarto niño está triste*) quizás dentro de diez años, yo sea la única electora.

Telón - Fin

LA FILLE AUX 200 DOUDOUS es también una canción.

Dans sa chambre on avance
Au p'tit bonheur la chance
On voit pas d' place dans son lit
Même l'oreiller est envahi

C'est la fille aux 200 doudous
Y'en a partout
Y'en a partout
C'est la fille aux 200 doudous
Tous les p'tits loups en sont jaloux

Chacun a son surnom
D'abat-jour à zombon
Et comme faut d'la discipline
Y'a prison sous les pulls marines

C'est la fille aux 200 doudous
Y'en a partout / Y'en a partout
C'est la fille aux 200 doudous
Tous les p'tits loups en sont jaloux

Les jours de la semaine
S'appellent fête des big ben
Fête des lapins chats canards
Oursons toutous et des bizarres

C'est la fille aux 200 doudous ...

El texto se convirtió en una verdadera canción después de su paso por las manos de Blondin, que compuso la música (con arreglos de Vita) y debería grabarla en CD en 2012, y presentarla durante su gira mundial (quizás primero sólo francesa... ¿con paso por Quercy[1]?...)

---

[1] NT: Ciudad francesa perteneciente al departamento de Lot (departamento donde reside el autor de la obra).

LA NIÑA DE LOS 200 PELUCHES (adaptación en español).

En su habitación, avanzamos
como buenamente podemos
No se ve un hueco en su cama
Incluso su almohada está invadida.

La niña de los 200 peluches
Están por todas partes
Están por todas partes
La niña de los 200 peluches
Todos pequeños osos están celosos.

Cada uno tiene su apodo
de Abayú a Zombú
Y como hace falta disciplina
Hay prisión bajo los jerséis marinos

La niña de los 200 peluches
Están por todas partes / Están por todas partes
La niña de los 200 peluches
Todos pequeños osos están celosos.

Los días de la semana
Se llaman fiesta de los Big Ben
Fiesta de los conejos gatos patos
Oseznos perritos y los raritos

La niña de los 200 peluches
Están por todas partes / Están por todas partes
La niña de los 200 peluches
Todos pequeños osos están celosos.

Las niñas se aprovechan

Obra de teatro para niños en un acto

(Si se prefiere un título más original: *La circunstancia agravante*)

Reparto:
3 niños: dos niñas y un niño.

Ismael, 9 años
Assia, 6 años, su hermana.
Romana, 12 ans, su medio-hermana

Decorado: el salón de una casa… Dos puertas, una de las cuales da al exterior.

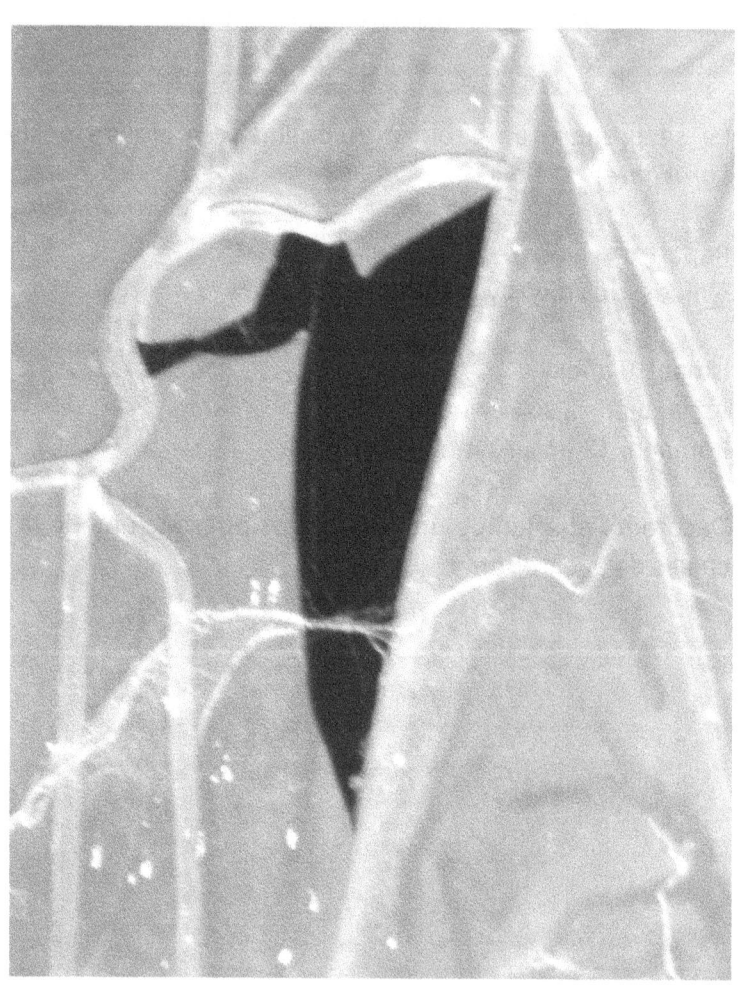

Las niñas se aprovechan

Acto 1

Ismael, sólo, atado en una silla, las manos atadas a la espalda.

Ismael: ¡Es demasiado injusto! ¡Atarme! Sólo he pegado demasiado fuerte (*imita a su madre:*) "¡Y circunstancia agravante, la del señor alcalde!" (*Retoma con su voz tras una pausa*) Ni siquiera sé lo que quiere decir "circunstancia agravante". ¡No debería tener derecho a castigarme por las cosas que no he aprendido en la escuela!

Entra Romana sonriente...

Romana: Entonces Ismael, ¡has vuelto a hacer una trastada!
Ismael: Una "circonstancia agravante"!
Romana: Mamá me lo ha contado todo, no sirve de nada tratar de hacerme el lío.
Ismael: Te lo juro, me ha repetido por lo menos tres veces ¡"*circunstancia agravante*"! ¿Tú sabes lo que significa eso?
Romana: Si hubieras roto un azulejo holandés[2] con tu balón, habría sido algo grave. Pero ese, además, era el del Sr. alcalde, eso es lo que ella quiere decir con "circunstancia agravante".

---

[2] NT: La alfarería holandesa proviene de la ciudad de Delf (Países Bajos) y tiene un gran valor.

Ismael: ¡Pero un azulejo, es un azulejo!
Romana: ¡Pero el Sr. alcalde tiene azulejos de oro!
Ismael: Si fuesen de oro no se habrían roto los azulejos... pero ¡los habría robado!

Romana: No es más que una forma de hablar! ¿Cuántos años tienes?
Ismael: ¡Es fácil jugar a los mayores cuando estoy atado! Más bien explícame la "circunstancia agravante".
Romana: El señor alcalde, ¡él es la persona más importante del pueblo... por detrás de mí y mi perro!
Ismael: No ha sido a posta, sólo quería lanzar el balón lo más alto posible.
Romana: Eres un patoso. Sería mejor que te dedicases al ping-pong.
Ismael: ¡Qué graciosa! ¡Desátame, anda!

Romana va hacia él, se sienta en el suelo... le quita el zapato derecho.

Ismael: ¿Qué haces?
Romana: ¿No me has pedido que desate tu zapato?
Ismael: ¿Lo haces a propósito?
Romana: La primera que te desate ocupa tu sitio, ¡palabra de mamá! No soy tan tonta.
Ismael: ¡Está verdaderamente enfadada!
Romana: Ya lo creo.

Le quita el calcetín, se levanta sonriente y sale por la puerta exterior.

Ismael: ¡A veces es muy rara, la hermana mayor! ¡Por mucho que Mamá diga que es la adolescencia, yo creo más bien que es porque es una chica! Además, ¡parece ser que uno no puede casarse con su medio hermana!

Romana vuelve ocultando algo en su espalda, se acerca a Ismael...
Se sienta a su lado, en el suelo. Él la mira, se pregunta qué hace.

Ismael: ¿A qué juegas?

Romana sonríe y pasa una pluma de oca bajo el pie derecho de Ismael que se sobresalta, grita al mismo tiempo que ríe de dolor.

Ismael: ¡Para! ¡Para! Te lo suplico.

Romana continúa.

Ismael: Te juro que ya no diré a Mamá que estás enamorada de Gregorio.

Romana continúa. Él también.

Ismael: No volveré a decir que has perdido tus pendientes.

Romana continúa. Entra Assia.

Assia: Ismael, sé que has hecho una gran trastada y que estás castigado durante todo el día.
Ismael: Assia, hay que detenerla, me está torturando.
Assia: ¿Y qué obtengo a cambio?
Ismael: Un cromo de Pokemon. Detenla, me está torturando.

Romana le vuelve a acariciar con la pluma, él grita y se sobresalta.

Assia: Un cromo, no es suficiente.
Ismael: Cinco. Además las cacas de vuestro perro me intoxican.
Romana: ¿Qué te ha hecho nuestro perro? Al menos, él está limpio, hace caca en su bandeja. ¡No como tu gato!

Assia: Los cromos de Pokemon, ¿y qué más?
Ismael: ¡No te aproveches!

Assia avanza hacia él y pasa detrás.

¡Romana vuelve a empezar! Él también.

Ismael: Dime qué quieres.

Assia sonríe mientras mira a Romana.

Assia: Prométeme que no vas a contar ni una sola de mis trastadas del día a mamá.
Ismael: Prometido.

Assia, detrás de Ismael, se agacha, coge un guante de plástico, se lo pone en su mano derecha, coge "algo" en la bandeja del perro, se levanta.

Assia: Romana, quieres dejar de torturar a mi hermano preferido.
Romana: Ya que lo pides tan amablemente.

Romana se levanta.

Assia: ¿Qué se dice Ismael?
Ismael: Gracias, Assia.
Assia: Assia, ¿qué más?
Ismael: Assia, hermanita mía.
Assia: Assia... Que...ri...
Ismael: Assia querida.
Assia: Está bien. Me gustaría que lo dijeses cada día.

Ella se acerca, le tapa la nariz con la mano izquierda, el abre la boca, ella le mete la caca del perro y la mantiene en su boca. Ismael trata de escupir, gritar.

Assia: ¡Eso te enseñará a no criticar a nuestro perro!

Romana: Has prometido no contar ninguna de las trastadas de Assia a mamá...

FIN

Naturalmente es preferible que la caca del perro sea de chocolate durante los ensayos... e ¡incluso en las representaciones!

Revelaciones sobre la desaparición de Papa Noel

Obra de teatro para niños en un acto

Reparto:
Once niños.

La obra puede ser representada por un número diferente de niños (más o menos) modificando la lectura de la carta a Papa Noel.
Esta obra no requiere ningún decorado en particular.

Nota: Se trata de la adaptación del cuento del mismo título de Stéphane Ternoise.

Revelaciones sobre la desaparición de Papa Noel

Acto 1

Primer niño, *sólo en el escenario*: Aquel año, el 14 de julio[3], los gobiernos y agencias de prensa del planeta azul recibieron, a través del canal lunar, un comunicado de Papa Noel.

Nueve niños entran en escena. El segundo niño llega con una carta que pasará al tercero, éste la pasará al cuarto...

Segundo niño: "Queridos amigos terrícolas: Lo he intentado todo para salvarlos. Pero vuestro clima les ha resultado fatal. Demasiado contaminado. Los ciervos y los renos que llegaron a la tierra el pasado diciembre han muerto, todos. Los grandes bosques de nuestro paraíso rojo y blanco todavía están ampliamente habitados pero los cervatillos y los ciervas han llorado tanto que se trata de la primera huelga general de nuestra esfera: todos se niegan a preparar el largo viaje hacia vuestro planeta.

Tercer niño: Todas las familias están de luto, han perdido al menos a un familiar cercano, el padre o un tío, o un vecino (en nuestro planeta la familia incluye a los vecinos).

Cuarto niño: La huelga es indefinida. Continuará así mientras vuestro clima sea deteriorado.

---

[3] NT: El 14 de julio es la fiesta nacional en Francia. Esta fecha commemorá la toma de la Bastilla el 14 de julio de 1789.

Quinto niño: Los entiendo: yo mismo he arrastrado durante semanas una contaminitis aguda. En cuanto a mi hija, que vino para ayudarme durante este alegre reparto, su rostro me inspira todavía paternales inquietudes.

Sexto niño: Os dejo el encargo de anunciar a los niños de la Tierra este drama.

Séptimo niño: Espero volver algún día. Pero tenéis que escoger entre las chimeneas de las fábricas, los pesticidas, los coches y la sonrisa de los niños.

Octavo niño: "La ideología del crecimiento mata la vida" ha escrito recientemente uno de vuestros novelistas. Me permito aconsejaros que leáis sus libros y sigáis sus recomendaciones.

Noveno niño: Echaré en falta la sonrisa de los niños.

Décimo niño: Cuento con vuestra lucidez, vuestra bondad, vuestra sed de maravillas, vuestro amor por los niños.

Vuestro abnegado, Papa Noel".

Estos nueve niños salen.

Primer niño: Nadie se lo creía: "conoces la broma, buenísima, que hemos recibido" fue seguramente la frase más escuchada ese día en las agencias de prensa. Numerosos ministros de recepción de datos intersiderales dudaron en hacer circular la información.

Undécimo niño, *entra*: Pero los servicios secretos validaron el origen indiscutible del mensaje.

Primer niño: Y todos los países reaccionaron de una manera similar...

Undécimo niño: El comunicado fue clasificado en los "archivos secretos hasta nueva orden ".

Primer niño: Y todos los que lo habían sabido de él tuvieron que jurar no revelarlo jamás.

Undécimo niño: Hubo pocos recalcitrantes, por lo que hubo pocos traslados y todavía menos ejecuciones.

Primer niño: En cada país, el comunicado fue un asunto de estado. En Francia, por ejemplo, durante un consejo extraordinario de ministros, el ministro de industria fue solemne:

Ocho niños vuelven, con sillas que colocan detrás de ellos, formando entre todos una fila de honor. Entra el presidente, solemne. Los ocho niños colocan las sillas en semicírculo. Dos niños van a buscar un sillón que colocan en el centro, en él se instala el "venerable presidente de la República Francesa".

El ministro de industria: Señor Venerable Presidente de la Eterna República Francesa, queridos compañeros ministros, señores secretarios de estado, nuestras industrias son las más modernas, las menos contaminantes del mundo, y puedo afirmar de manera categórica y sincera que la gran nube de contaminación observada en ciertos países al final del año pasado, se ha parado en la frontera alemana. Los servicios especializados del ministerio están seguros. Los ciervos de Papa Noel que vinieron a Francia están, por tanto, sanos y salvos. Me apuesto con ustedes que nuestro bello y gran país será el único en el que los niños no derramarán ninguna lágrima de tristeza. Soy optimista, no hay que rendirse nunca ante la siniestralidad, Papa Noel estará con nosotros, Papa Noel sabe que el gobierno de Francia.

Exasperación creciente del presidente durante esta declaración. Primero rascándose la oreja derecha, después quitándose cera de la oreja izquierda.

El primer ministro, *cortándole*: Bien, dicte sus

explicaciones a su secretaria, en el caso de que una filtración indeseada llegase a la prensa.

Una sonrisa general. El ambiente se relaja.

Undécimo niño comentando: Naturalmente todo el mundo sonrió, en esa época en la que la prensa mendigaba una autorización del ministerio de información y estadísticas antes de evocar un tema.

El presidente pone la mano derecha, después la izquierda, sobre los documentos colocados delante suya, junta los dedos pulgares, el silencio es total.

El presidente: Señor Primer Ministro de Francia, ¿cuáles son sus propuestas?

El primer ministro: Venerable Señor Presidente de la República Francesa, confieso que me he enfrentado a una situación sin precedentes en nuestra ilustre historia. Me es, por lo tanto, difícil referirme a las decisiones de nuestros gloriosos mayores.

El presidente: Bien. Habiendo predicho su análisis, he tomado, en nombre de la Eterna Francia, la iniciativa, esta misma mañana, de llamar a mis amigos los jefes de estado de los países faro de la humanidad. Tras los temas tradicionales, le ahorro los detalles sobre guerras, revueltas y la galopante inflación que hay que controlar con mano de hierro. Tras esos asuntos que son cotidianos en mi vocación, el comunicado ha sido evocado. Y a mi propuesta, hemos decretado un gran plan bautizado BARBA BLANCA. (Silencio, miradas maravilladas) Vais a preguntarme ¿cuál es ese plan? Os lo voy a decir: unos actores estarán encargados de paliar la deserción de Papa Noel, cada región considerará que Papa Noel, ligeramente enfermo, ha omitido su zona debido a una productividad insuficiente. Lo que nos permitirá motivar de nuevo nuestras fuerzas vivas, apreciad el racionamiento. Hay que saber siempre valerse de las circonstances imprevisibles. Que la lección sea aprendida, meditada, y más tarde se la recuerde con nostalgia y deferencia, como el origen de esta forma de gobierno.

El primer ministro simplemente abre la boca...

Primer niño, *comentando*: El primer ministro simplemente ha abierto la boca. Da testimonio de esta manera de haber preparado un alejandrino para glorificar este gran hecho.

Pero el Presidente, majestuoso, levanta solemnemente la mano derecha.

Undécimo niño, *comentando*: Cuando el presidente levanta la mano izquierda, significa: dejadme continuar el comunicado sin ni siquiera perturbarlo con aclamaciones.

El presidente *encadena*: Papa Noel está, por lo tanto, ligeramente indispuesto, la cual, estaréis conmigo, es la expresión más cercana a la realidad que podemos ofrecer a nuestro buen, fiel y trabajador pueblo. Y sobretodo, insisto en este punto, nadie puede suponer que la vejez de Papa Noel sea la causa de esta defección. Papa Noel, como todo ser de excepción, vive más allá de nuestras contingencias de la edad. Pediréis además a nuestros periódicos más leídos, especiales sobre nuestros vivarachos centenarios.

El primer ministro asiente inmediatamente.

Undécimo niño, *comentando*: ¿Habéis observado bien al Primer Ministro? Su ligero levantamiento de cejas quiere decir "¿dónde voy a encontrar esos vivarachos centenarios?" Naturalmente no habría podido expresar tamaña dificultad.

El presidente *encadena*: He escrito personalmente a Papa Noel para ofrecerle los servicios de nuestros más eminentes veterinarios y le he propuesto además la captura de nuestros cérvidos terrestres para repoblar sus bosques.

Una pausa.

El presidente *concluye*: No habiendo nada más que añadir, el consejo de ministros de la Eterna República Francesa se acaba con estos modestos y venerables propósitos.

El presidente se levanta. El primer ministro y sus ministros apresuran a ofrecerle un pasillo de honor. Y todo el mundo sale.

Primer niño: Aquel año, los niños no se enteraron de nada, naturalmente, la visión oficial fue difundida sin la menor contradicción y el buen pueblo fue feliz.

Undécimo niño: Entonces, los industriales propusieron ocuparse de esta tradición. Y el palacio presidencial lo aprobó, envió a los intermediarios más generosos durante todos tradicionales congresos, propicios a los más modestos regalos a los venerables servidores de la nación.

Primer niño: Y los padres se acostumbraron.

Undécimo niño: Trajes rojos y blancos se fabricaron en serie. Ninguna talla fue olvidada, desde los enanos hasta los gigantes, conforme al manual de recomendaciones ministeriales.

Primer niño: Esta figura de nuestra pequeña historia nacional, el presidente, murió sin haber obtenido respuesta de Papa Noel.

Undécimo niño: Fue sin duda su mayor pena.

Primer niño: Bajo su traje de Antiguo Presidente de la República, el viejo no se quitaba jamás una túnica roja y blanca hecha a medida.

Undécimo niño: Su esposa confió a un restringido círculo de sus últimos fieles:

Un niño (una niña) entra, y tras algunos segundos...

La niña: hasta el último momento, esperó, me preguntaba con la mirada.

La niña se va.

Undécimo niño: Naturalmente, ningún ministro había osado suponer delante suyo que los cérvidos de nuestros bosques serían incapaces de tirar de los trineos en el cielo. Por otro lado, quizás ninguno lo pensó...

Primer niño: Los últimos protagonistas vivos de aquella época están, naturalmente, jubilados. Algunos han guardado una copia de la carta a Papa Noel. Hoy, podemos revelar sin peligro que nadie cree verdaderamente en Papa Noel.

Undécimo niño: Incluso los Presidentes de la República, durante el tradicional traspaso del poder, no evocan más que con una gran sonrisa el documento en la mítica caja fuerte de nuestro país.

Primer niño: Por lo tanto, podemos revelarlo sin miedo a encontramos en una de las mazmorras que constituyeron la leyenda de nuestra nación.

Undécimo niño: Mis nietos me han preguntado por qué había inventado esta historia. La verdad es a menudo increíble.

Primer niño: Entonces, fueron todos a ver a su hermano para contarle que su abuelo estaba un poco loco.

Undécimo niño: Pobres niños, ¡si la juventud supiera!

Primer niño: Y como decimos en la residencia de ancianos: ¡si la vejez pudiera!

FIN

El león, el avestruz y el zorro

Obra de teatro para niños en cinco actos

Reparto:
7 niños con texto... y un multitud de figurantes.

Niño 1, el que cuenta.
Niño-león
Niño-avestruz
Niño-toro (animal del león)
Niño-vaca (animal del avestruz)
Niño-ternero (nacido de la vaca y el toro)
Niño-zorro

En el centro, una multitud de niños-animales, los figurantes.

A partir de un cuento tradicional Afar[4], transmitido por Hasna en 2010.

---

[4] NT: Afar, también conocida como Afaria, es una región de Etiopía. Esta obra ha sido concebida a partir de una cuento tradicional de esta región etíope.

El león, el avestruz y el zorro

Escena 1

Mientras entran en escena el niño-león llevando al niño-toro atado con una correa y el niño avestruz llevando al niño-vaca atado con una correa.

Niño 1, *cuenta*: -El león y el avestruz han decidido comprar un viejo granero, restaurarlo y vivir apaciblemente allí.

El niño-león y el niño-avestruz sonríen, trabajan en su granero.
Mientras que el niño-toro y el niño-vaca también son inseparables.
El niño-vaca sale de la escena y cada vez que vuelve le ha crecido al barriga.

Escena 2

Una noche, en el granero, ligeramente iluminado.

El niño-avestruz duerme profundamente.
El niño-león lee la novela de un viejo zorro filósofo.
Delante de él, el niño-vaca está muy agitado. Tiene una manta sobre la espalda.
El niño-toro observa un poco inquieto. Y de pronto, de debajo de la manta sale un magnífico niño-ternero.

Escena 3

El niño-avestruz sigue durmiendo profundamente.

El niño-vaca y el niño-ternero se miman mutuamente.
El niño-toro sonríe con placer.
El niño-león les observa primero con admiración, después con celos.

El niño-león: Si sigue así, ¡la señora va a tener un auténtico rebaño!

Se rasca la cabeza, reflexiona, de pronto, sonríe. Sale de la escena y vuelve con una gran piedra que pone cerca del niño-vaca. Toma al niño-ternero en sus brazos y va a colocarlo tras el niño-toro. Empuja la piedra detrás del niño-vaca.
Observa la escena con placer. Corre a despertar al niño-avestruz.

El niño-león: Amigo mío, amigo mío, despiértate, rápido.

El niño avestruz se despierta con dificultad.

El niño-león: Amigo mío, amigo mío, mira que maravilla, tu vaca ha dado a luz esta magnifica piedra, y mi toro a un ternerillo.

El niño-avestruz *mueve sus grandes alas y grita*: ¿Cómo osas afirmar tal cosa? ¿Cómo osas robarme mi ternero?

El niño-león, *muy calmado, con una voz severa*: ¡Qué! ¡A mí, el león, el más honesto de los animales, acusarme de robo!

El niño-avestruz *que no se deja impresionar*: Si señor, ese ternero es el de mi vaca, tu puedes ser el rey de los animales pero ¡tu toro nunca dará a luz!

El niño-león, *poniendo las patas en jarras*: Muy bien, Señora sabelotodo, vamos a convocar a todos los animales del bosque, el domingo mismo, y yo haré la pregunta, que en ese momento será democráticamente sometida a sufragio universal.

Escena 4

El niño-león *escribe carteles al mismo tiempo que exclama*: La Señora Avestruz se atreve a afirmar que el ternero ha nacido de su vaca mientras que era una piedra lo que había detrás de ella...

Escena 5

Gran multitud en medio del bosque Todos los niños pueden participar. En el centro el niño-león, a su derecha el niño-avestruz. Detrás de ellos, el niño-vaca, el niño-toro y el niño-ternero.

El niño-león *con su gran voz*: Para resumir, ¡la señora avestruz se atreve a afirmar que mi toro no ha podido dar a luz a este magnífico ternero aquí presente!

Silencio: el niño-león mira a los ojos, uno tras otro, a cada una de las electoras, cada uno de los electores.

El niño-león *con su gran voz*: Que aquellas y aquellos que apoyan al avestruz, que aquellos y aquellas que me tratan de mentiroso, se levanten.

Silencio total.

De pronto, un ruido de carrera. Todo el mundo se gira. Es el niño-zorro, pasando a algunos metros del grupo, con un pesado fardo a la espalda.

El niño-león, *saboreando su victoria*: Amigo zorro, ¿por qué esta ofensa de no haber asistido a nuestro debate democrático?

Extenuado, el zorro se para y responde tímidamente.

El niño-zorro: Señor, no he podido asistir a vuestro gran debate tan justo y democrático, pero tenía una buena razón, tengo prisa.

El niño-león: ¿Qué acontecimiento puede ser más importante que nuestra gran lección de democracia directa?

El niño-zorro: Debo llevar este fardo a la cabecera de mi padre que está a punto de dar a luz.

El niño-león *salta enfadado*: Te estás burlando de mí, Zorrillo, sabes bien que un macho no puede dar a luz.

El niño-avestruz *se precipita hacia el león y le da un beso*: Gracias señor por habérnoslo recordado. Me voy a llevar su ternero a mi vaca.

Bajo aclamaciones, el niño-avestruz coge su vaca y su ternero y se los lleva. Todo el mundo se aleja discretamente. El niño-león golpea la tierra con el pie, enfadado.

El niño 1 *vuelve discretamente*: Desde ese día, los leones acusan a los zorros de ser demasiado astutos.

Fin

Mirlito prepara el verano

Obra de teatro para niños en un acto

Los niños están disfrazados de pájaros, de mirlos.

Mirlito prepara el verano

Dos papeles principales: Mirlito y Mirlomamá, su mamá.
Un papel con dos frases de diálogo: el vecino.
Y una multitud de figurantes para el final.

Mirlito y su mama, Mirlomamá, en la rama más ancha de una encina, en el bosque detrás de una casa.
Mirlito abre sus alas.

Mirlomamá: Mirlito, Mirlito, ¿qué haces?
Mirlito: Voy a buscar algunas ramitas. Aquí hace falta hierba.
Mirlomamá: ¿Y el gato?
Mirlito: ¿Qué gato?
Mirlomamá : Allí, sobre el pozo.
Mirlito: ¡Ahh! No parece malo, es un viejo gato blanco y negro.
Mirlomamá: ¿Ya te has olvidado de tu hermano?
Mirlito: ¿Qué le hizo a Mirlilolo?
Mirlomamá:-No tu hermano mayor, Mirlito, tu hermano gemelo que se cayó del nido.
Mirlito: No me cuentes historias que hagan llorar.
Mirlomamá: Entonces ten cuidado con los gatos, Mirlito.
Mirlito: Pero está lejos, puedo ir y cortar un poco de hierba. Si ves que se mueve, hop, silbas y yo vuelvo contigo.
Mirlomamá: Pobre pequeño Mirlito, casi no habrás tenido tiempo de verle y ya estarás entre sus dientes.
Mirlito: Pero tu vendrás a liberarme como en las historias de yayomirlo.
Mirlomamá: La vida raramente es como en las aventuras que acaban bien… yayomirlo te cuenta leyendas, de la época en la que Mirlodios había quitado los dientes a los gatos.

Mirlito: ¿Por qué se les devolvió?
Mirlomamá: ¿Por qué se LOS devolvió?
Mirlito: ¡Pero responde a mi pregunta!
Mirlomamá: ¿Qué pregunta?
Mirlito: ¡Oh! ¿Porqué se LOS devolvió, sus malvados dientes a los malvados gatos?
Mirlomamá: Fueron los hombres, mi querido Mirlito, quienes devolvieron sus dientes a los gatos.
Mirlito: Malvados hombres, malvados hombres.
Mirlomamá: Tu lo has dicho Mirlito... y yo no te he contado nunca la historia de Mirlajosefa, mi segunda hermana pequeña.
Mirlito: No más historias tristes por hoy.
Mirlomamá: Venga ven, vamos ir de viaje por el país, aquí se está bien para descansar pero faltan árboles frutales.
Mirlito: ¿Tan buenas están las cerezas? No es sólo una canción que mi hermano mayor Mirlitista silbotea cada mañana.

Mirlito canturrea:

Vivan las cerezas
Que comemos con presteza
En mi pequeño vientre
Que rápidamente entren
Vivan las cerezas
Que comemos con presteza

Mirlomamá: Vamos peque, en misión de reconocimiento.
Mirlomamá y Mirlito emprenden el vuelo.

Durante el vuelo:
Mirlito: Adios malvado gato, adiós malvados niños...
Mirlomamá: No todos los niños son malvados... la prima Mirlasofía tuvo mucha suerte cuando el retrovisor de un desgraciado coche le rompió un ala...

Mirlito: Ohh, sí, cuenta más historias bonitas...
Mirlomamá: Un niño la recogió... Mirlasofía rezó todas las oraciones... incluso la de reencarnarse en humano... pero un niño bueno...
Mirlito: ¿Estás segura de que eso existe, un niño bueno, o también es una leyenda?
Mirlomamá: Existen... pero es imposible reconocerlos... Mirlogurú dice que los humanos son mirlos reencarnados y que basta con observar sus vidas anteriores para darse cuenta... pero es el único que consigue hacerlo... Mirlopapá cree incluso que es mejor desconfiar de Mirlogurú...
Mirlito: Deberían tener el cabello verde.
Mirlomamá: Creo que serías un excelente poeta Mirlito... como tu bisabuelo...
Mirlito: ¿Cuándo iremos a verle?
Mirlomamá: Ya no podemos verle... ni siquiera yo le he conocido mucho... pero nos ha dejado bellos poemas que pronto aprenderás en la escuela.
Mirlito: Si ya soy poeta, es una tontería que vaya a la escuela.
Milomamá: Te he enseñado a situarte en el espacio, a leer los carteles, a silbar, es necesario que desarrolles tu inteligencia... frecuentar a otros mirlos y a los Mirloprofes, te será muy beneficioso.

Se posan sobre un árbol... un cerezo.

Mirlomamá: Qué bellas son estas cerezas, ¿no crees?

Mirlito da un picotazo a una cereza.

Mirlito: ¡Ay! ¡Está muy duro! ¡Hace daño en el pico!
Mirlomamá: ¡Mirlito!
Mirlito: ¿Qué, Mirlito? Además mi hermano mayor

siempre dice que son rojas las cerezas, las tuyas son todas verdes..., esto no son cerezas... (Mirlomámá sonríe) me has mentido Mirloma...
Mirlomama: Estamos en un viaje de reconocimiento, Mirlogrunón... las cerezas primero son verdes, después pasan a naranja y al final a... rojo y, entonces, se vuelven tiernas... pero no son para nuestro pico, estas cerezas...
Mirlito: Y ¿por qué?
Milomamá: ¿Adivinas por qué?
Mirlito: Por los gatos.
Mirlomamá: Mira allí... la red verde...
Mirlito: ¿Qué es eso?
Mirlomamá: Cuando las cerezas van a ponerse rojas, los malvados hombres van a poner una gran red en cada árbol y nosotros ya no podremos atrapar ni una sola cereza.
Mirlito: Solo hay que cortar la red.
Mirlomamá: Es demasiado difícil, Mirlito mío.
Mirlito: No es justo.
Mirlomamá: ¡Ahh! Ya quisiéramos todos que el mundo fuera justo.
Mirlito: Tiene que haber un pequeño agujero. Me deslizaré y me meteré muchas entre pecho y espalda.
Mirlomamá: ¡Ay, Mirlito mío! Aventureros, los he conocido. Los encontrábamos por la mañana, prisioneros de la red. Habían encontrado una entrada pero un golpe de viento y ni rastro de la salida.
Mirlito: No me asustes... te lo prometo, no haré jamás grandes tonterías. Sólo pequeñas.
Mirlomamá: Ale, vamos.
Mirlito: Malvados hombres
Mirlomamá: Ale, vamos.
Mirlito: Estoy cansado... me llevas...

Mirlomamá: No te hagas el Mirlobebé, te voy a enseñar nuestro restaurante.

Se van de nuevo.

Durante el vuelo:
Mirlito: ¿Todavía está lejos?
Mirlomamá: No tengas prisa, admira, admira nuestro país...

Mirlomamá *horrorizada*: ¡Oh, Mirlodios!
Mirlito *con pánico*: Mirlomamá, Mirlomamá, Mirlomamá. ¿Qué pasa Mirlomamá?...
Mirlomamá *horrorizada repite*: ¡Oh, Mirlodios!
Mirlito: ¿Has visto un gato volando?
Mirlomamá: Mira esos árboles cortados...
Mirlito: Por qué te pones así por eso, ya he visto muchos árboles cortados.
Mirlomamá: Pero esos son nuestros cerezos, Mirlito mío.

Se posan sobre un tocón. Mirlomamá está abrumada.

Mirlito: ¿Por qué han hecho eso?
Mirlomamá *con dificultad*: Me han hablado de esos hombres que ganan mucho dinero por cortar sus cerezos, y después ganan más por plantar manzanos.
Mirlito: Bueno, comeremos manzanas, entonces...
Mirlomamá: Pero las manzanas son demasiado gordas para nosotros.
Mirlito: ¡Hacen todo esto para fastidiarnos! ¡Malvados hombres!
Mirlomamá: ¡Oh! Tienen sus propios problemas, los hombres... pero nosotros...
Mirlito: No pasa nada Mirlomamá, encontraremos otro restaurante.

Mirlomamá *levanta la cabeza*: Bisamirloabuela me habló bien de una reserva... es un secreto... un secreto que se transmite en la familia que jura no hablar de él a nadie... Tu Mirlopapá fue una vez, alé, vamos... no esta muy lejos pero siempre hay viento cuando se atraviesa el valle, así que sigue mi camino, Mirlito.

Mirtito: Estoy cansado... vamos mañana...

Mirlomamá: Es necesario que sepa hoy... que sepa si podemos contar con los árboles secretos... si no...

Mirlito inquieto: ¿Si no qué? ¿Mirlomamá?

Mirlomamá: ¡Ah, Mirlito mío! ... no te preocupes, tu Mirlopa y tu Mirloma harán todo lo posible para que no te falte de nada...

Mirlito: ¿Es grave Mirlomamá?

Mirlomamá: Venga... vamos... es inútil inquietarse antes de tiempo... (Levantándose verdaderamente y mirando fijamente a Mirlito) estoy segura de que allí habrá las cerezas más bonitas que habremos visto nunca los mirlos... Venga Mirlito, vamos...

Emprenden el vuelo.

Cuando Mirlomamá y Mirlito divisan tres viejos cerezos, están llenos de Mirlos.

Mirlomamá: ¡Pero si son los vecinos! ¡Pero si todo el mundo está allí!

Mirlito: Creía que nadie lo conocía...

Se posan cerca de un amigo.

Mirlomamá: ¿Pero es que tú conoces este lugar?

El vecino: ¡Ah! ¡También creías que eras la única en conocerlo!

Mirlito: Era un secreto de Bisamirloyaya

El vecino: Es de suponer que todas las familias se transmiten el mismo secreto.

Los mirlos silban de risa.

FIN

No iremos más al restaurante

Obra de teatro para niños en un acto

2 niños y una niña que representan a personajes adultos...

Sala de un restaurante. El cocinero y una pareja en la única mesa ocupada.

Canards du Quercy

No iremos más al restaurante

Obra de teatro para niños en un acto

Los niños representan a los adultos en un restaurante, con el cocinero y una pareja.

El cocinero: Puesto que son los últimos clientes esta noche, y que son los más asíduos de nuestros mejores clientes, les ofrezco una pausa-café... Coñac, Grand-Marnier? Licor?
Ella: Muchas gracias, es muy amable, Grand-Marnier, por favor.
Él: Tomaré un Coñac, muchas gracias.
El cocinero: Con mucho gusto, señores.

El cocinero vuelve a la cocina.

Ella: Realmente es el mejor restaurante del barrio.
Él: Es, incluso, raro que no haya más clientes
Ella: Sí, es sorprendente, sin embargo es siempre muy amable... y sus salsas... ¡qué delicia!

Vuelta del cocinero con tres vasos. Les Sirve.

El cocinero: Para la señora. Para el señor. Y me he servido un poco de aguardiente para brindar a su salud.

Beben.

Ella: A su salud, realmente es muy amable.
El cocinero: Oh, ocurre regularmente, ya saben, me gusta mucho hablar, esto me permite intercambiar ideas. En nuestra profesión, a menudo hay que ser muy discreto. ¡Si contase todo lo que he visto y entendido a lo largo de mi carrera!
Ella: ¿Puedo ser indiscreta?

El cocinero: Venga señora, como dice el otro, no hay preguntas indiscretas, sólo hay respuestas.
Ella: ¿Dónde ha aprendido a realizar esas salsas?
El cocinero: ¡Oh, eso!... no sé si puedo responderla.
Él: No es para hacerle la competencia, sólo por saber.
Ella: Prometido, no diremos nada.
Él: Fui uno de los becarios del Elíseo[5]. ¡Era joven!
Ella: ¡Ah! ¿...las salsas son una especialidad del Elíseo?...
El cocinero: Especialidad... es mucho decir... pero hay que dejarse la piel... es un auténtico desafío...
Ella: ¿Un desafío?
El cocinero, *sonriente*: Un secreto, entre nosotros, es un verdadero desafío lograr una salsa en el Elíseo... sin que nadie se dé cuenta de que se hacen algunas necesidades dentro...

Los comensales se sobresaltan.

Fin

---

[5] NT: El Palacio del Elíseo es la Sede de la Presidencia de la República Francesa.

Las obras

9   La niña de los 200 peluches

21   Las niñas se aprovechan

29   Revelaciones sobre la desaparición de Papa Noel

39   El león, el avestruz y el zorro.

45   Mirlito prepara el verano

55   No iremos más al restaurante

Aviso legal

Todos los derechos de traducción, reproducción, utilización, interpretación y adaptación están reservados para todos los países, todos los planetas y todos los universos.
Web Oficial : http://www.ecrivain.pro
Obra Original : La fille aux 200 doudous et autres pièces de
théâtre pour enfants.

Si desea representar alguna de estas obras, contáctenos a través de nuestra página web:
http://www.ecrivain.es

Stéphane Ternoise: La niña de los 200 peluches y otras obras de teatro para niños.
Traducción: María del Carmen Pulido Cortijo

ISBN 978-2-36541-434-0
EAN 9782365414340
Publicación: 04 de noviembre 2013

Dépôt légal à la publication au format ebook du 4 novembre 2013.

Imprimé par CreateSpace, An Amazon.com Company pour le compte de l'auteur-éditeur indépendant.
livrepapier.com

© Jean-Luc PETIT - BP 17 - 46800 Montcuq - France

www.ingramcontent.com/pod-product-compliance
Lightning Source LLC
Chambersburg PA
CBHW071758040426
42446CB00012B/2608